AF243283
119

4

Lb 119.

EXPÉDITION

DE BUONAPARTE

EN ÉGYPTE,

OU

DÉTAILS EXACTS

DES BATAILLES ET DES COMBATS

Livrés par les Français contre les Mamelouks et les Arabes ; les victoires signalées remportées sur ces derniers ; les principaux événemens qui ont eu lieu pendant le cours de cette Expédition

Par J. G...

A PARIS,

Chez ROCHETTE, Imprimeur, rue et Maison-Sorbonne, n° 382.

FRUCTIDOR AN VI.

EXPEDITION
DE BUONAPARTE
EN ÉGYPTE.

LA tyrannie sans cesse exercée par l'Angleterre, envers et contre toutes les puissances maritimes, et particulièrement contre la république française, qui n'a cessé d'être la principale victime de ses perfidies atroces ; l'ambition démesurée de cette nation orgueilleuse, qui, se croyant déjà maitresse absolue de l'empire des mers, jette des regards avides sur celui de la terre ; ces deux importantes considérations déterminèrent le Directoire-exécutif de la république française à équiper une flotte considérable, destinée à une expédition pour l'Égypte.

Cette flotte fut composée de cent quatre-vingt-quatorze voiles, portant dix-neuf mille hommes de débarquement, non compris deux mille hommes environs, employés pour les vivres, fourrages, hospices et charrois, et une quantité prodigieuse d'artistes et savans de toutes classes.

Jamais flotte ne fut aussi bien approvisionnée, dans si peu de tems, et avec aussi peu de moyens qu'on en avoit sous la main.

Pour obtenir plus facilement le succès d'une aussi grande entreprise, on confia les soins de cette expédition au général Buonaparte, au vainqueur d'Italie.

Buonaparte partit de Paris le 15 floréal an VI, pour se rendre à Toulon, et prendre le commandement de la flotte et de l'armée d'expédition. A son arrivée en cette ville il passa son armée en revue, et parla à ces soldats ainsi qu'il suit :

« Officiers et soldats, il y a deux ans que je vins vous commander : à cette époque vous étiez dans la rivière de Gènes, dans la plus grande misère, manquant de tout, ayant sacrifié jusqu'à vos montres pour votre subsistance réciproque, je vous promis de faire cesser vos misères, je vous conduisis en Italie ; là, tout vous fut accordé. —— Ne vous ai-je pas tenu parole ? (Un cri général se fit entendre,) *oui, oui !*

Eh bien ! apprenez que vous n'avez pas encore assez fait pour la patrie ; et que la patrie n'a pas encore assez fait pour vous !

« Je vais actuellement vous mener dans un pays où par vos exploits futurs, vous surpasserez ceux qui étonnent aujourd'hui vos admirateurs, et rendrez à la patrie, les services qu'elle à droit d'attendre d'une *armée d'invincibles.*

« Je promets à chaque soldats, qu'au retour de cette expédition, il aura à sa disposition de quoi acheter six arpens de terre.

« Vous allez courir de nouveaux dangers, vous les partagerez avec nos frères les marins. Cette armée, jusqu'ici, ne s'est pas rendue redoutable à nos ennemis ; leurs exploits n'ont point égalé les vôtres : les occasions leur ont manqué ; mais le courage des marins est égal au vôtre. Leur

volonté est celle de triompher, ils y parvien-
dront avec vous.

« Communiquez-leur cet esprit invincible
qui, par-tout, vous rendit victorieux; secondez
leurs efforts; vivez à bords, avec cette intelligence qui caractérise des hommes purement animés, et voués au bien de la même cause. Ils
ont, comme vous, acquis des droits à la reconnoissance nationale, dans l'art de la marine.

« Habituez-vous aux manœuvres de bord, de-
venez la terreur de vos ennemis de terre et de
mer : imitez, en cela, les soldats romains, qui
surent à la fois battre Carthage en plaine, et
les Carthaginois sur leurs flottes ».

L'armée entière poussa des cris de *vive la
république immortelle*, et les hymnes des combats
suivirent cette harangue.

Plusieurs demi-brigades de ligne se rendirent à
bord des différens vaisseaux de l'escadre pour
y attendre l'ordre du départ.

Le général Buonaparte écrivit la lettre suivante
aux soldats de terre et de mer :

« Soldats, vous êtes une des ailes de l'armée
d'Angleterre, vous avez fait la guerre de montagnes, de plaines, de sièges; il vous reste à
faire la guerre maritime.

« Les légions romaines que vous avez quelque-
fois imitées, mais pas encore égalées, combattoient
Carthage tour-à-tour sur cette même mer, et aux
plaines de Zama. La victoire ne les abandonna
jamais, parce que constamment elles furent

braves, patientes à supporter les fatigues, discí-
plinées et unies entr'elles.

» Soldats, l'Europe a les yeux sur vous; vous
avez de grandes destinées à remplir, de batailles
à livrer, des dangers, des fatigues à vaincre;
vous ferez plus que vous n'avez fait pour la prospérité de la patrie, le bonheur des hommes et
votre propre gloire.

« Soldats, matelots, fantassins, canonniers ou
cavaliers, soyez unis; souvenez-vous que le jour
d'une bataille, vous avez besoin les uns des
autres.

« Soldats matelots, vous avez été jusqu'ici né-
gligés ; aujourd'hui, la plus grande sollicitude de
la république est pour vous ; vous serez dignes
de l'armée dont vous faites partie.

« Le génie de la liberté, qui a rendu la république, dès sa naissance, l'arbitre de l'Europe,
veut qu'elle le soit des mers et des contrées les
plus lointaines. »

Le 30 floréal, l'armée d'expédition étant à bords
des différens vaisseaux, et tous les objets nécessaires à l'ambarquation y étant aussi, la flotte,
qui n'attendoit plus que les vents favorables, mit
à la voile, et partit au milieu des cris de *vive
la république immortelle.*

Le 21 prairial, à la pointe du jour, l'armée
d'expédition se trouva à la vue de l'ile de Goso.
Un convoi parti de Civita-Vechia, et qui avoit
ordre de s'y trouver, y étoit arrivé depuis trois
jours.

Le 21 au soir, Buonaparte envoya un de ses

aides-de-camp, demander au Grand-Maître la faculté de faire de l'eau dans les différens mouillages de l'île; ce dernier chargea le conseil de la république française à Malthe, de porter sa réponse, qui étoit un refus absolu, ne pouvant, disoit-il, laisser entrer plus de deux bâtimens de transport à la fois, ce qui, calcul fait, auroit exigé trois cents jours pour faire de l'eau. Le besoin de l'armée etoit urgent, et faisoit un devoir d'employer la force pour s'en procurer.

Il fut ordonné à l'amiral Brueys de faire des préparatifs pour la descente ; il envoya le contre-amiral Blanquet avec son escadre et le convoi de Civita-Vechia, pour l'effectuer dans la calle de Marsa-Siroco. Le convoi de Gènes débarqua à la tête de Saint-Paul, celui de Marseille à l'île de Goso.

Le général de brigade Lasne, et le chef de brigade Mermont, descendirent à la portée du canon de la place.

Le général Desaix fit débarquer le général de brigade Beillard avec la 21me. Il s'empara de toutes les batteries et forts qui défendoient la rade et le mouillage de Marsa-Siroco.

Le 22, à peine le jour commençoit-il à paroître, que les troupes de la république étoient à terre sur tous les points, malgré l'obstacle d'une canonnade très-vive.

Le 22 au soir, la place étoit investie de tous les côtés, et le reste de l'île soumis.

Le général Regnier s'étoit emparé de l'île de Goso, le général Baraguey-d'Hilliers, de tout le midi de l'île de Malthe, après avoir fait prisonniers plus de deux cents hommes, parmi lesquels étoient plusieurs chevaliers. Le général Desaix étoit à une portée de pistolet, du glacis de la Cottonère et du fort Riccazoli ; il avoit fait aussi plusieurs chevaliers de Malthe prisonniers.

Les malheureux habitans, effrayés au-delà de tout ce qu'on peut s'imaginer, s'étoient tous réfugiés dans la ville de Malthe, qui se trouva, par ce moyen, suffisamment garnie de monde.

Pendant toute la soirée du 22, la ville canonna avec la plus grande activité ; les assiégés vouloient faire une sortie, mais le chef de brigade Marmont, à la tête de la 19me., leur enleva le drapeau de l'ordre.

Le même jour, 22, on commença à faire débarquer l'artillerie.

Il y a peu de place en Europe aussi forte que celle de Malthe.

Le Grand-Maître envoya demander, le 23 au matin, une suspension d'armes.

Aussi-tôt l'aide-de-camp chef de brigade Junat, lui fût envoyé avec la faculté de **signe** ladite suspension, s'il consentoit, pour préliminaires, à négocier pour la reddition de la place.

Les citoyens Poussielgue et Dolomia, furent en outre envoyés pour sonder les intentions du Grand-Maître et des habitans ; la suspension d'armes fut conclue pour vingt-quatre heures.

Le 23, à minuit, les chargés de pouvoirs du Grand-Maître vinrent à bord du vaisseau *l'O-*

rient, où ils conclurent, dans la nuit, une convention définitive.

A la tête de la députation du Grand - Maître étoit le commandeur Bosredon-Ransijat, chevalier de la ci-devant langue d'Auvergne, qui, du moment où il vit que l'on prenoit les armes contre les français, écrivit sur-le-champ au Grand-Maître, que son devoir, comme chevalier de Malthe, étoit de faire la guerre aux Turcs, et non à sa patrie ; qu'en conséquence, il déclaroit ne vouloir prendre aucune part à la mauvaise conduite de l'ordre dans cette circonstance : il fut sur-le-champ mis en prison, et il n'en sortit que pour venir négocier et signer la capitulation suivante :

« Le Grand-Maître recevra de la République française, à titre de pension annuelle, 300,000 francs, jusqu'à ce qu'il ait obtenu, au congrès de Rastadt, une principauté ; il aura de plus, à titre d'indemnité, une somme de 600,000 francs, et conservera les honneurs militaires jusqu'au résultat des démarches qni seront faites à Rastadt. Les chevaliers Français, actuellement à Malthe, et qui y ont résidé depuis la révolution, sont censés avoir résidé en France, et pourront y rentrer.

« La république française interposera ses bons offices auprès des républiques Cisalpine, Ligurienne, Romaine et Helvétique , pour que les chevaliers de ces quatre nations jouissent des mêmes facultés.

« Il sera accordé par la république française,

aux chevaliers de cette nation, une pension
de 700 francs, qui sera portée à 1000 francs
pour les sexagénaires.

« Les différens forts seront remis à l'armée
française le même jour, 24, et les vaisseaux le
lendemain à midi. Un officier sera désigné par
l'amiral pour en prendre possession. Les troupes
de Malthe sont consignées dans leurs casernes
jusqu'à nouvel ordre. Les chevaliers qui ont
des propriétés dans l'île continueront à en
jouir. »

Le 24, l'armée française entra dans la place,
et prit possession de tous les forts ; le même
jour, l'escadre vint mouiller.

A son entrée dans Malthe, Buonaparte fit
donner la liberté à 4,500 Turcs, qui y étoient
détenus comme prisonniers de guerre ; dans
l'espoir de les échanger contre les prisonniers
Malthois détenus en Turquie.

Ces malheureux prisonniers, dans l'expension
de leur reconnoissance, conjurèrent ce général
d'accepter leurs services sur la flotte, et jurèrent
de ne l'abandonner que lorsqu'il auroit terrassé
le gouvernement anglais.

L'île de Malthe et celles de Goso et de Cu-
mino, qui en dépendent, ont une population
de 150 mille ames.

Les hommes y sont, pour la plupart, adonnés
à la navigation, et offrent une pépinière de marins habiles et intrépides.

Il n'y a pas de manufactures établies sur cette

île ; mais les femmes s'y adonnent à la filature des côtons qui viennent du levant.

En cas de besoin , l'ordre de Malthe pouvoit mettre seize mille hommes de guerre sur pied.

Quoique cette ile soit stérile en grains , elle ne peut en manquer pour sa subsistance ; elle a , dans son voisinage , la Sicile , qui est son grenier naturel ; et , en supposant qu'elle en fût privée , elle auroit encore la Barbarie.

Malthe possède le port le plus beau et le plus sûr de la Méditerranée.

Elle offre une relâche commode , sûre et agréable pour les bâtimens qui vont au Levant ou qui en viennent. Ils y trouvent un Lazaret et des hôpitaux pour leurs malades , un arsénal où ils peuvent être radoubés et agréés.

La possession de cette ile assure la prépondérance pour le commerce du Levant.

Toute puissance en guerre avec celle qui la possède doit y renoncer , à moins qu'elle n'entretienne une forte escadre en croisière dans ces mers pour le protéger ; et ce moyen ne seroit pas toujours efficace.

Ainsi, la possession de Malthe auroit été précieuse pour la France , dans tous les temps , mais elle le devient encore plus pour la République française , d'après la guerre dans laquelle elle est engagée.

Les Malthais , considérés comme Français , serviront sur nos flottes et s'adonneront à la course , et ne pourront que faire un tort infini au commerce anglais , qui doit attendre des retours considérables du Levant.

Notre communication avec nos îles ci-devant Vénitiennes est assurée. Si Malthe fût tombée au pouvoir des Russes, des Anglais ou des Autrichiens, qui tous la convoitoient, les avantages que nous présentent ces îles eussent été à-peu-près perdus pour nous.

La République peut y établir des chantiers immenses. La proximité des bois d'Albanie, et le bas prix de la main-d'œuvre permettent d'y construire avec plus d'économie qu'à Toulon.

Enfin, Malthe est le Cap de Bonne-Espérance de la Méditerranée.

Le général Buonaparte, après avoir employé sept jours à prendre Malthe, y organiser le gouvernement provisoire, ordonné toutes les dispositions tant militaires qu'administratives, après avoir fait faire de l'eau à l'armée navale et au convoi, fit appareiller le premier messidor.

Les vents de nord-ouest, qui souffloient grand-frais, portèrent le convoi en sept jours sur Candie, et en quatre autres sur la côte d'Afrique.

Le 21 au matin l'armée navale et le convoi atterrèrent sur la tour des Arabes, et étoient le soir à la vue d'Alexandrie.

Buonaparte ayant fait détacher une frégate pour savoir ce qui se passoit à Alexandrie, fit venir à son bord le Consul de France.

Le Consul français étant arrivé, prévint ce général qu'une escadre anglaise, forte de 14 vaisseaux de ligne avoit passée à une lieue et demie d'Alexandrie, deux jours auparavant, qu'elle avoit envoyé deux officiers à terre sur un brick, pour savoir si

on avoit des nouvelles des Français : il dit au-sur-
plus que la ville et les forts d'Alexandrie étoient
disposés à se défendre contre ceux qui voudroient
entrer dans le port et s'emparer de la ville , soit
français , soit anglais.

Le général en chef ordonna de faire mouiller l'escadre le plus près possible de la pointe du Marabou.
Quelques bâtimens furent détachés pour croiser devant le port neuf et le port vieux d'Alexandrie.

Un abordage qui eut lieu entre deux vaisseaux de
guerre , qui allèrent eux-mêmes aborder le vaisseau
amiral , obligea de mouiller plus loin qu'on ne l'auroit desiré , à environ trois lieues de terre.

Le général en chef sentoit que l'escadre anglaise
pouvoit paroître d'un moment à l'autre et qu'il n'y
avoit pas un instant à perdre pour débarquer l'armée et prévenir les dispositions hostiles que la ville
et les environs pourroient faire pour s'opposer à l'exécution de nos projets , d'autant plus que depuis l'ap-
parition des Anglais tout le pays se mettoit en armes.

Depuis deux jours la mer étoit très-forte , et , dans
des circonstances ordinaires , le débarquement auroit
été differé , particulièrement sur une côte bordée de
rescifs comme est celle d'Alexandrie ; mais tous les
mouvemens étoient précieux , et le succès en dé-
pendoit. Le général en chef ordonna que la division Desaix débarquât au Marabou , celle du général Menou , à la droite du général Desaix , celle du
général Reynier , sur la ganche.

La division du général Keber et celle du général
Bon , qui étoient embarquées sur les vaisseaux , reçurent ordre de remplir toutes les embarcations des

vaisseaux , et de se rallier dans des chaloupes autour d'une des galères prises à Malthe , montée pour le moment par le général en chef, qui devoit conduire ces deux divisions dans le point de débarquement qu'il jugeroit convenable suivant les circonstances.

La distance à laquelle étoit mouillés les bâtimens, et le vent violent qui agittoit la mer et la rendoit très-dangereuse pour la navigation des canots, apportèrent les plus grands obstacles à l'exécution des dispositions ci-dessus.

Mais l'armée et son chef, accoutumés à voir dans les obstacles comme dans les contrariétés un présage assuré de la victoire, en comptoient pour rien les dangers de la mer ; bientôt elle fut couverte de chaloupes.

La division aux ordres du général Menou , qui avoit une pratique à bord , fut la première qui put mettre à terre une partie de ses troupes.

Les divisions Reygner et Desaix éprouvèrent pour le moment des difficultés insurmontables par la situation du vent à l'égard de leur position.

Le général en chef se porta le plus près possible du Marabou, sur la galère. Le jour tomboit lorsque les chaloupes portant une partie des divisions Kleber et Bon se réunirent autour de lui ; mais la difficulté étoit de trouver les passages à travers les rescifs.

Un pilote du pays , qui étoit venu avec le consul, arriva ; il dirigea les chaloupes, qu'il conduisit sur la plage du Marabou, où elles trouvèrent une partie de la division Menou et quelques hommes de la division Reynier.

La

La galère sur laquelle étoit le général Buonaparte et son état-major éprouvoit les plus grandes difficultés et les plus grands dangers à suivre la marche des canots, qu'elle perdit bientôt de vue, à cause de l'obscurité de la nuit, elle ne put approcher de terre qu'à une demi-lieue, où étant arrivée, le général en chef et son état major s'embarquèrent sur des canots, et à une heure du matin le vainqueur d'Italie étoit en Afrique, à la plage du Marabou, dans le désert, à quatre lieues d'Alexandrie. L'armée n'avoit apperçu aucun individu du pays.

Buonaparte passa l'armée en revue : la division Kleber, composée de la deuxième demi-brigade d'infanterie légère, des vingt-cinquième et soixante-quinsième de bataille, avoit environ mille hommes.

La division Menou, composée de la vingt-deuxième d'infanterie légère, des treizième et soixante-neuvième de bataille, avoit environ deux mille - cinq - cents hommes.

La division Bon, composée de la quatrième d'infanterie légère, des dix-huitième et trente-deuxième de bataille, avoit quinze cents hommes.

La division Reygner composée de la quatre-vingt-cinquième de bataille, n'avoit que quelques hommes

On n'avoit pu débarquer ni artillerie, ni chevaux. Le général en chef ordonna aux troupes des divisions Menou, Kleber et Bon, de se mettre en marche sur trois colonnes. Il ordonna au général Reygnier de réunir sa division et de garder le point de débarquement. Il envoya l'ordre à tous les bâtimens du convoi d'appareiller à la pointe du jour pour venir mouiller dans la rade du Marabou. Il ordonna,

B

tant au convoi qu'aux bâtimens de guerre , d'employer tous les moyens possibles pour débarquer le reste des divisions.

Il étoit environ 2 heures et demie du matin lorsque les divisions Menou , Kleber et Bon se mirent en marche : le général en chef marcha à pied avec les titailleurs de l'avant-garde , accompagné de son état-major, du général Dumas , commandant l'armée de cavalerie, des généraux Dommartin et Caffarelly , commandant l'artillerie et le génie.

Le général Caffarelly prouvoit que rien n'étoit impossible aux français. Ce brave et distingué général suivoit l'armée, dans les sables, avec sa jambe de bois. Il montroit un courage infatigable à soutenir la marche , tandis que ceux qui étoient avec lui paroissoient excédés de fatigue.

Avant le jour , un des avant-postes de l'armée française fut attaqué par quelques Arabes , qui lui tuèrent un capitaine. Au jour, les Fançais apperçurent une centaine de ces Arabes, qui fusillèrent avec les tirailleurs , en se repliant sur Alexandrie.

Lorsque l'armée française ne fut plus qu'à une demi = lieue d'Alexandrie elle apperçut environ 300 hommes de cavalerie arabe ou mamelouks , qui abandonnèrent les monticules de la ville et prirent la route du Caire.

Quelques détachemens de cette cavalerie s'étant portés sur les flancs droits de l'armée française , annonçoient le projet d'inquiéter la communication avec le convoi ; mais les Français n'ayant pas un cheval n'y une pièce d'artillerie continuèrent leur marche sur Alexandrie.

Le général Menou, avec les troupes de sa division, chemina sur les petites dunes de sable le long de la mer, à l'ouest de l'enceinte dite de *la Ville des Arabes.*

La division Kleber étoit au centre, dirigée sur la porte de cette enceinte, qui conduit à la colonne de Pompée.

Le général Bon, avec les troupes de sa division, étoit dirigé sur l'est de la ville, vers la porte de Rosette.

Toutes les divisions reçurent l'ordre de s'arrêter à la portée du fusil, et d'attendre de nouveaux ordres.

Le général en chef se porta rapidement à la célèbre colonne de Pompée, et détacha plusieurs officiers pour reconnoître l'enceinte de la ville des Arabes, qui couvre la nouvelle ville d'Alexandrie.

Toutes les brèches de ces anciens murs paroissoient avoir été réparées. L'enceinte, ainsi que les tours qui la flanquent, étoient occupées par le peuple d'Alexandrie, en armes, que les hurlemens de leurs chefs, de leurs femmes et de leurs enfans excitoient au combat. Il étoit parti de l'enceinte quelques coups de canon, qui annonçoient deux ou trois mauvaises pièces.

Le général en chef desiroit parlementer, et éviter un assaut et ses suites : il ne put se faire écouter ; il fallut se décider à attaquer ceux qu'on auroit desiré avoir pour amis.

Le général Buonaparte ayant jugé l'enceinte susseptible d'être escaladée ; d'ailleurs, n'ayant point d'artillerie, il ne restoit que ce moyen pour s'emparer de la place ; en conséquence, il fit battre la charge, et

les divisions attaquèrent en - même tems et escala-
dèrent les remparts.

Les habitans qui bordoient ces remparts faisaient un
feu assez vif , mais qui devenait nul , du moment où
nos troupes étaient au pied des murailles. Il fut rem-
placé par une grêle de pierres lancées par les habitans.

Enfin , par les traits de courage qui ont si souvent
caractérisé les armées françaises , les généraux et les
troupes trouvèrent, presqu'en même temps , le moyen
d'être au haut des murs ; tout ce qui étoit derrière
prit la fuite , mais ceux qui étoient dans les tours,
quoiqu'abandonnés de leurs camarades , ne cessèrent
d'employer le reste de leurs munitions à tirer. Le peuple se battait en fanatique désespéré , bien éloigné de
connoître les intentions et les principes des Français.
On prit le parti de faire bloquer une de ces tours ,
que l'on ne pouvoit faire rendre. Déjà une partie de
nos troupes étoit dans la ville neuve d'Alexandrie,
et une autre devant le Phare et le pharillon , où s'étoit
retiré une partie des troupes armées d'Alexandrie.

Le général en chef envoya chercher le capitaine
d'un vaisseau de guerre turc , qui étoit dans le port ;
il lui fit connoître qu'elles étoient les intentions et
les dispositions de l'armée.

Le général en chef envoya aussi plusieurs officiers
pour parler aux principaux habitans de la ville. Les
Imans , les Cheiks , le Chérif vinrent au devant de
nous, comme amis , en assurant qu'ils avoient été trom-
pés sur l'intention des Français. Le soir , les forts et
les châteaux furent remis au pouvoir des Français.

Le général Buonaparte fut informé que la cavalerie qui étoit venu les assaillir étoit d'une tribu d'Ara-

bes, campée à quelques lieues d'Alexandrie. Il apprit en même tems que des pelotons de ces Arabes ayant pris la route qu'avoit suivis l'armée française, enlevoient les traîneurs, ce qu'on ne pouvoit empêcher, faute de cavalerie.

Au moment de l'escalade, le général Kleber fut blessé d'une balle à la tête, mais sans danger. Le général Menou, en montant à l'assaut, fut assailli d'une grêle de pierres qui le renversa du haut des murailles; dans sa chûte il se fit quelques contusions qui n'etoient pas dangereuses.

L'adjudant-général Lasalle eut le bras percé d'une balle, le chef de brigade Massé fut tué avec cinq officiers de différentes divisions. La perte des Français, dans cette bataille, ne fut pas très-considérable; il n'y eut que 60 hommes de blessés, 15 de tués et environs 20 de noyés, d'accidens occasionnés par la grosseur de la mer et les rescifs qui bordent la côte.

Plusieurs officiers et soldats se distinguèrent dans cette action, et reçurent le prix de leur courage et de leur valeur sur le champ de bataille. Le général en chef leurs donna à tous un grade supérieur au leur.

Autant l'armée française avoit montré de valeur à emporter d'assaut la ville des Arabes, autant elle mit de générosité envers les vaincus. Le peuple, qui étoit dans l'erreur, parut devenir l'ami d'une nation qui sait respecter ses mœurs, ses usages et sa religion.

Guerre aux Mamelouks! fut le cri de cette partie de l'Égypte et celui des Français.

Le général Buonaparte après avoir éprouvé beaucoup de peines et de difficultés à se faire entendre, parvint enfin à conclure une traité, non-seulement d'amitié, mais même d'alliance avec les Arabes. Treize des principaux chefs se rendirent chez lui. Il s'assit au milieu d'eux, et eut une très-longue conversation. Après être convenus des articles du traité, ils se mirent tous autour d'une table, et vouèrent au feu de l'enfer celui d'entr'eux et du général Buonaparte qui violeroit les conventions, qui consistoient :

1°. Eux a ne plus harceler les derrières de l'armée française.

2°. A lui donner tous les secours qui dépandroient d'eux.

3°. A lui fournir le nombre d'hommes qui leur seroit demandé, pour marcher contre les Mamelouks.

4°. Le général Buonaparte à leur restituer, quand il seroit maître de l'Egypte, des terres qui leur avoient appartenues jadis.

Tous les soldats français qui avaient été tués à la prise d'Alexandrie furent enterrés au pied de la colonne de Pompée, et leurs noms gravés sur ladite colonne.

Les matelots turcs qui avaient été mis en liberté lors de la prise de l'île de Malthe, débarquèrent à Alexandrie. Il leur fut délivré des passe-ports pour se rendre chez eux.

Voici les deux lettres écrites par le général Buonaparte, l'une au pacha d'Egypte, l'autre au commandant de la caravelle; la proclamation qu'il fit aux Egyptiens; un réglement pour son armée; une déclaration des principaux chefs de la ville d'Alexandrie.

A bord de l'*Orient*, le 13 messidor an 6.

Buonaparte, général en chef, au pacha d'Egypte.

« Le Directoire exécutif de la République française s'est adressé plusieurs fois à la sublime Porte pour demander le châtiment des beys d'Egypte, qui accablaient d'avanies les commerçans français.

» Mais la sublime Porte a déclaré que les beiys, gens capricieux et avides, n'écoutaient pas les principes de la justice, et que non-seulement elle n'autorisait pas les insultes qu'ils faisaient à ses bons et anciens amis les Français, mais que même elle leur ôtait sa protection.

» La République française s'est décidée à envoyer une puissante armée pour mettre fin aux brigandages des beys d'Egypte, ainsi qu'elle a été obligée de le faire plusieurs fois, dans ce siècle, contre les beys de Tunis et d'Alger.

» Toi qui devrais être le maître des beys, et que cependant ils tiennent au Caire sans autorité et sans pouvoir, tu dois voir mon arrivée avec plaisir.

» Tu es sans doute déjà instruit que je ne viens point pour rien faire contre l'Alcoran, ni le Sultan. Tu sais que la nation française est la seule et unique alliée qu'ait en Europe le Sultan.

B 4

» Viens donc à ma rencontre, et maudis avec moi la race des Mamelouks et des beys ».

Au quartier-général d'Alexandrie,
le 13 messidor, an 6.

Buonaparte, général en chef, au commandant de la caravelle.

« Les beys ont couvert nos commerçans d'avanies ; je viens en demander réparation.

» Je serai demain dans Alexandrie ; vous ne devez avoir aucune inquiétude ; vous appartenez à notre grand ami le Sultan : conduisez vous en conséquence. Mais si vous commettez la moindre hostilité contre l'armée française je vous traiterai en ennemi, et vous en serez cause, car cela est loin de mon intention et de mon cœur ».

PROCLAMATION.

Buonaparte, général en chef, au peuple Egyptien.

» Au nom de Dieu miséricordieux : Le seigneur est dieu ; et il n'y a que lui qui le soit, etc. Enfin, voici l'instant où les beys de l'Egypte ont reçu le salaire qu'ils méritoient, pour être venus, étrangers sortis des montagnes de la Turquie, défigurer ce beau pays, traiter la nation française avec mépris, et se permettre toutes sortes de vexations à l'égard de son commerce. Buonaparte, général de la République française, est arrivé et a apporté avec lui les principes de la liberté. Buonaparte est ici ; et le Trés-Haut a livré les beys entre ses mains. Il mettra un terme à leur domination. Habitans de l'Égypte ! si

les beys répandent que les Français veulent porter
atteinte à votre religion, ne les croyez pas ; soyez
au contraire persuadés que c'est une imposture évi-
dente. Ils sont venus pour arracher les opprimés à
leurs tyrans. Oui, les Français révèrent plus sincé-
rement que les beys, Dieu, son Prophète et l'Alcoran. Aucune prééminence des personnes n'a de valeur devant le Seigneur. Devant lui nous sommes
tous égaux. L'esprit, les talens, les connoissances
doivent faire la seule différence entre les hommes ;
et comme les beys ne se distinguent par aucune de
ces qualités, ils n'ont aucun droit à la souveraineté. Cependant ils possèdent seuls de vastes do-
maines, de belles esclaves, des chevaux superbes,
de somptueuses habitations. Mais de qui tiennent-ils
toutes ces choses ? du Prophète ? Qu'ils vous en four-
nissent la preuve. Le Très - Haut est juste et compa-
tissant. Il veut que parmi les habitans de l'Égypte,
tous, jusqu'au plus petit, puissent parvenir aux honneurs et à la considération. Ce pays, autrefois si peu-
plé et si florissant, ne doit qu'à la tyrannie des Beys
et à leur cupidité l'état de dévastation dans lequel il
se trouve à présent ; mais cet état cessera bientôt.
Des hommes qui ont des lumières et des connoissances vont désormais procurer à ce pays le bonheur
et la sûreté. Les Français se montrent de vrais Musulmans ; ils ont naguères détruit à Rome le trône du
Pape, qui excitoit les chrétiens contre les sectateurs
de Mahomet. De-là ils ont été à Malthe, et ils en
ont chassé les infidelles, qui se croient appelés par
Dieu à vivre continuellement en guerre avec les
Musulmans. Depuis long-temps les Français se sont

conduits, dans toutes les occasions , comme les amis vrais et sincères de l'empereur de Turquie , et ont toujours regardé ses ennemis comme leurs propres ennemis. Subsiste donc à jamais la souveraineté du Sultan ; mais que la mort et l'anéantissement soient le partage de nos adversaires , les beys de l'Égypte , qui pour mieux assouvir leur cupidité sont toujours dans un état de désobéissance à l'égard du Sultan , et ont toujours cherché à se soustraire à sa souveraineté. Tous ceux qui des habitans de l'Égypte s'attacheront à nous s'en trouveront bien ; il n'y a même aucun mal à redouter pour ceux qui resteront tranquilles dans leurs habitations et n'entreprendront rien, ni pour ni contre nous ; mais qui , persuadés que nos intentions sont bonnes , s'y soumettront. En revanche , terrible vengeance pour ceux qui oseront assister les beys à mains armées ; leur race sera exterminée sans pitié.

Art. I. Les habitans de toutes les peuplades qui sont éloignées de trois heures de chemin de celles par lesquelles l'armée française dirigera sa marche , devront envoyer un des principaux d'entr'eux au Général, pour l'assurer de leur soumission ; et en témoignage de cette soumission ils arboreront le drapeau français : il est de trois couleurs ; savoir, bleu , blanc et rouge.

II. Toute peuplade dont les habitans se conduiront hostilement sera réduite en cendres.

III. Chaque village qui se soumet aux Français arborera le drapeau turc à côté de celui de la nation française , parce que la sublime Porte, dont la durée doit être éternelle , est l'amie de la République Française.

IV. Les Cheiks et les notables de chaque village et de chaque ville reçoivent, par ces présentes , l'ordre de faire séquestrer et sceller judiciairement tout ce qui, dans leur district, appartient aux Beys, et de veiller à ce qu'il n'en soit point détourné la moindre chose.

V. Toutes les personnes qui occupent des emplois publics, les Cheiks, les Cadis et les Imans, doivent continuer d'en exercer, sans obstacles, les fonctions, faire comme au-paravant, leurs prières dans les mosquées, et s'acquitter de tout ce qui tient au culte divin ; mais, d'ailleurs , rester dans leurs habitations et s'y conduire paisiblement.

Tous les habitans de l'Égypte sont invités à remercier le Très-Haut, et à l'invoquer pour l'anéantissement des Beys. Puisse Dieu réhausser la gloire du Sultan des Osmans, veiller sur l'armée française , faire éprouver sa colère aux Mamelouks , et bénir les destinées des peuples Égyptiens !

Buonaparte , général en chef, à son armée.

« Soldats , vous allez entreprendre une conquête dont les effets sur la civilisation , et le commerce sont incalculables.

Vous porterez à l'Angleterre le coup le plus sensible et le plus funeste , en attendant que vous puissiez lui donner le coup de mort.

Nous ferons quelques marches fatiguantes ; nous livrerons plusieurs combats ; nous réussirons dans toutes nos entreprises ; les destins sont pour nous.

Les beys , Mameloucks , qui favorisent exclusivement le commerce anglais , qui ont couvert d'avanies nos négocians , et tyrannisent les malheureux habitans du Nil , quelques jours après notre arrivée n'existeront plus.

Les peuples avec lesquels nous allons vivres , sont Mahométans. Leur premier article de foi est celui-ci : Il n'y a d'autre Dieu que Dieu , et Mahomet est son prophête. Ne les contredisez pas , agissez avec eux comme vous avez agis avec les Juifs , et les Italiens. Ayez des égards pour leurs Muphtis et leurs Imans, comme vous en avez eus pour les Rabins et les Evêques. Ayez pour les cérémonies que prescrit l'Alcoran, pour les Mosquées , la même tollérance que vous avez eue pour les Couvens et les Synagogues , pour la religion de Moïse et de Jésus-Christ.

Les légions romaines protégeoient toutes les religions. Vous trouverez ici des usages différens de ceux de l'Europe ; il faut vous y accoutumer.

Les peuples chez lesquels nous allons traitent les femmes différemment que nous ; mais, dans tous les pays, celui qui les viole est un monstre.

Le pillage n'enrichit qu'un petit nombre d'hommes ; il nous rend ennemis des peuples qu'il est de notre intérêt d'avoir pour amis.

La première ville qui se présente à nous a été bâtie par Alexandre. Nous trouverons à chaque pas de grands souvenirs dignes d'exciter l'émulation des Français.

Art. I. Tout individu de l'armée qui aura pillé ou violé sera fusillé.

II. Celui qui de son chef mettra des contributions

sur les villes, villages, sur les individus, ou commettra des extorsions, de quelque genre que se soit, sera fusillé.

III. Lorsque des individus d'une division auront commis du désordre dans une contrée, la division entière en sera responsable; si les coupables sont connus, le Général de divison les fera fusiller; s'ils sont inconnus, le même Général préviendra à l'ordre que l'on ait à lui faire connoître les coupables; et s'ils restent inconnus, il sera retenu sur le prêt de la division la somme nécessaire pour indemniser les habitans de la perte qu'ils auront soufferte.

IV. Lorsque les individus d'un Corps auront commis du désordre dans une contrée, le Corps entier en sera responsable. Si le chef a connoissance des coupables, il les dénoncera au Général de division, qui les fera fusiller. S'ils sont inconnus, le chef fera battre à l'ordre pour qu'on les lui fasse connoître; et s'ils continuent à rester inconnus, il sera retenu sur le prêt du Corps la somme nécessaire pour indemniser les habitans de la perte qu'ils auront éprouvée.

V. Aucun individu de l'armée n'est autorisé à faire des réquisitions, ni lever des contributions que muni d'une instruction du Commissaire-ordonnateur en chef, en conséquence d'un ordre du Général en chef.

VI. Dans le cas d'urgence, comme il arrive souvent à la guerre, si le Général en chef et le Commissaire-ordonnateur se trouvoient éloignés d'une division, le Général de division pourra autoriser le Commissaire des guerres à faire les réquisitions d'urgence.

Le Général de division enverra sur - le - champ copie au Général en chef de l'autorisation qu'il aura donnée , et le Commissaire des guerres enverra une copie au Commisaire-ordonnateur en chef des objets qu'il aura requis.

VII. Il ne pourra être requis que des choses nécessaires aux soldats , aux hôpitaux , aux transports et à l'artillerie.

VIII. Une fois la requisition frappée , les objets requis doivent être remis aux agens des différentes administratious qui doivent en donner des reçus , et en recevoir de ceux à qui il les distribueront , afin d'avoir leur comptabilité en matière en règle. Ainsi, dans aucun cas , les officiers et soldats ne doivent recevoir directement des objets requis.

IX. Tout l'argent et matières d'or ou d'argent provenant des réquisitions , des contributions et de tout autre événement , doit , sous douze heures, se trouver dans la caisse du payeur de la division ; et dans le cas que celui-ci soit éloigné , il sera versé dans la caisse du quartier-maître du corps

X. Dans les places où il y aura un Commandant, aucune réquisition ne pourra être faite, sans qu'auparavant le Commissaire des guerre n'ait fait connoître au Commandant de la place, en vertu de quel ordre cette réquisition est frappée ; le Commandant de la place devra sur-le-champ en instruire l'État-major général.

XI. Ceux qui contreviendraient aux art. 5, 6, 7,

8 , 9 et 10 , seront destitués et condamnés à deux ans de fers

XII. Le Général en chef ordonne au Général chef de l'État-major, aux Généraux de division , aux Commandans - ordonnateurs en chef de tenir la main à l'exécution du présent ordre ; son intention n'étant pas que les fonds de l'armée deviennent le profit de quelques individus , ils doivent tourner à l'avantage de tous.

Déclaraton du muphti et des principaux cheiks de la ville d'Alexandrie, au nom des habitans.

» Gloire à Dieu, à qui toute gloire est due , et salut de paix sur le prophète Mahomet , sur sa famille et les compagnons de sa mission divine.

» Voici l'accord qui a eu lieu entre Nous les Notables de la ville d'Alexandrie , dont le nom est au bas de cet acte, et entre le Commandant de la nation française, Général en chef de l'armée campée dans cette ville.

» Les susdits Notables continueront à observer leur loi et leurs saintes institutions ; ils jugeront les différens selon la justice la plus pure, et s'éloigneront avec soin du sentier tortueux de l'iniquité ; le Cadi, auquel le tribunal de la justice sera confié , devra être de mœurs pures et d'une conduite irréprochable ; mais il ne prononcera aucune sentence sans avoir pris la décision et le conseil des chefs de la loi , et il ne dressera l'acte de son jugement qu'en conséquence de leur décision. Les cheiks susdits

s'occuperont des moyens de faire régner l'équité,
et ils tendront, de tous leurs efforts vers ce but,
comme s'ils n'étoient animés que d'un même esprit.
Ils ne prendront aucune résolution qu'après que
tous ensemble l'auront approuvée d'un commun accord. Ils travailleront avec zèle au bien du pays,
au bonheur des habitans et à la destruction des gens
vicieux et des méchans. Ils promettent encore de ne
point trahir l'armée française, de ne jamais chercher à lui nuire, de ne point agir contre ses inté-
rêts, et de n'entrer dans aucun complot qui pour-
roit être formé contr'elle.

» Ils ont fait, sur tous ces points, leur serment au-
thentique, qu'ils renouvelleront dans cet acte de la
manière la plus droite et la plus solemnelle.

» Le Général en chef de l'armée française leur a
promis, de son côté, d'empêcher qu'aucun des soldats de son armée n'inquiète les habitans d'Alexandrie, par des vexations, par des rapines et par des
menaces ; et que celui qui se porteroit à de pareils
excès sera puni du supplice le plus sévère.

« Le Général en chef a aussi promis solemnelle-
ment de ne jamais forcer aucun des habitans de
changer sa religion, et de ne jamais exiger aucune
innovation dans les pratiques religieuses ; mais
qu'au contraire, son intention étoit que tous les habitans restassent dans leur religion, et de leur assurer leur repos et leurs propriétés par tous les
moyens qu'il a en son pouvoir, tant qu'ils ne cher-
cheront point à nuire, ni à sa personne, ni à l'armée
qu'il commande.

« Le

» Le présent acte a été dressé mercredi matin , 20 de la lune de Muharem , l'an de l'hégire douze-cents-treize , répondant au 17 messidor de l'an 6 de la République française une et indivisible.

» Suivent les signatures des Muphtis et des cheiks, dans l'ordre suivant.

Le pauvre SEULEIMAN CAINED , *Muphti du Maliki.*

Le pauvre IBRAHIM EL BOURGI , *chef de la secte Hamfite.*

Le pauvre MAHAMMED *el Messiri ;*

Le pauvre AMED , *etc.*

Marche sur le Caire.

Le général en chef ayant employés quatre à cinq jours à organiser le gouvernement provisoire d'A-lexandrie , et donné les ordres nécessaires pour mettre le port et la place en état de défense , sentit l'importance de porter l'armée sur le Caire avec toute la rapidité possible , tant pour empêcher les Mamelouks de faire les dispositions défensives que pour leur laisser moins de tems d'évacuer cette ville.

Deux routes se présentoient , celle par Deman-hure et l'autre par Rosette , elles offroient à-peu-près d'égales difficultés ; mais la première étoit beaucoup plus courte.

L'escadre étoit mouillée très-loin de terre , ce qui ne permit pas de débarquer les objets de terre de l'armée.

La flottille n'avoit pu se rendre à Rosette avant qu'il n'y eût une division de troupes françaises. L'ar-

C

mée ne pouvoit donc se mettre en marche tout de suite que par des privations de tout genre, et en pourvoyant, s'il étoit possible, par elle-même, sur les lieux, à tous ses besoins. Sans cela, un mois auroit à peine suffi pour faire les dispositions qui eussent assuré ses besoins par un convoi qui auroit remonté le Nil.

Les momens étoient précieux. Buonaparte accoutumé à commander des choses extraordinaires, et son armée à les exécuter avec cette ardeur qui n'appartient qu'aux Français, et cette confiance que mérite un tel chef, se décida à marcher au travers des deserts et par la route la plus courte, pour rejoindre le Nil et se porter avec rapidité sur le Caire. Il donna aussi l'ordre à deux de ses divisions, l'une de partir pour marcher à Demenhure, l'autre de marcher sur Rosette, de s'emparer de cette place, d'y laisser garnison et de remonter la rive gauche du Nil, pour se rendre à la hauteur de Demenhure.

Le général Kleber, pendant sa convalescence, reçut l'ordre de commander Alexandrie, et le général Menou, également convalesçant, reçut l'ordre de prendre le commandement de Rosette.

Tous les batimens de transport mouillèrent dans le port d'Alexandrie, les batimens de guerre de l'escadre n'ayant pu y entrer, reçurent l'ordre de mouiller vis-à-vis Albukir pour débarquer l'artillerie.

Les chaloupes canonnières et tous les bâtimens légers composant la flottille aux ordres du chef de division Perrée, et le général Audréossi, commandant de l'équipage du port, reçurent l'ordre de se rendre à Rosette et de remonter le Nil, en suivant la marche de la division Dugua, qui étoit en route pour s'y rendre.

Toutes ces mesures ayant été prises, le général Buonaparte partit d'Alexandrie avec son armée, le 19 messidor, et arriva à Demenhure le 20, ayant beaucoup souffert, lui et ses soldats, à travers ce désert, de l'excessive chaleur et du manque d'eau.

Le 22, l'armée française remonta le Nil à Rahmanié et rejoignit la division du général Dugua, qui étoit venue par Rosette, en faisant plusieurs marches forcées. La division du général Desaix fut attaquée par un corp de 7 à 800 Mamelouks, qui, après une canonnade assez vive, et la perte de quelques hommes, se retirèrent.

Cependant le général Buonaparte ayant appris que Mourat bey, à la tête de son armée, composée d'une grande quantité de cavalerie, ayant huit ou dix grosses chaloupes canonnières et plusieurs batteries sur le Nil, attendoit l'armée française au village de Chebreisse, se mit en marche avec son armée pour en approcher.

Le 25, à la pointe du jour, les deux armées se trouvèrent en présence.

Les Français n'avoient que 200 hommes de cavalerie éclopés et harrassés encore de fatigue de la traversée. Les Mamelouks, au contraire, avoient un magnifique corps de cavalerie, couvert d'or, d'argent, armés des meilleures carabines et pistolets de Londres, des meilleurs sabres de l'Orient, et montés sur les meilleurs chevaux du continent.

L'armée française étoit rangée chaque division formant un bataillon quarré, ayant les bagages au centre et l'artillerie dans les intervalles des bataillons. Les bataillons rangés, les 2me et 4me divisions derrière les 1re et 3me. Les cinq divisions de l'armée étoient placées en échelons, se flanquant entr'elles, et flanquées par deux villages qu'elles occupoient.

Le citoyen Perrée, chef de division de la marine, avec trois chaloupes canonnières, un chebeck et une demi-galère, se porta pour attaquer la flottille ennemie. Le combat fut extrêmement opiniâtre : il se tira de part et d'autre plus de 1500 coups de canon. Le chef de division Perrée fut blessé au bras d'un coup de canon, et par ses bonnes dispositions et son intrépidité, parvint à reprendre trois chaloupes canonnière et la demi-galère que les Mamelouks avoient prise, et à mettre le feu à leur amiral. Les citoyens Monges et Bertholet (deux des savans qui s'étoient embarqués pour l'expédition) qui étoient sur le chebeck, montrèrent, dans des momens difficiles, beaucoup de courage, et prouvèrent que lorsqu'il s'agit de combattre les ennemis de la patrie tout français est soldat.

La cavalerie des Mamelouks inonda bientôt toute la pleine, déborda toutes les ailes de l'armée française, cherchant de tous côtés, sur ses flancs et ses derrières, le point foible pour y pénétrer. Mais par-tout elle trouva que la ligne étoit également formidable, et lui opposoit un double feu de flanc et de front. Ils assayèrent plusieurs fois de charger, mais sans s'y déterminer. Quelques braves vinrent escarmoucher ; ils furent reçus par des pelotons de carabiniers placés en avant des intervalles des bataillons. Enfin, après être restés une partie de la journée à demi-portée du canon, ils opérèrent leur retraite et disparurent. On peut évaluer leur perte à trois cents hommes tués ou blessés.

L'armée française marcha pendant plus de huit jours, privée de tout, et dans un des climats le plus brûlant du monde.

Le 1er thermidor au matin, elle apperçut les pyramides. Le 2 au soir, elle se trouva à six lieues du Caire, où le général Buonaparte apprit que les vingt-trois bays, avec toutes leurs forces, s'étoient retranchés à Lmbabé; qu'ils avoient garni leurs retranchemens de plus de soixante pièces de canon.

Le 3, à la pointe du jour, l'armée française rencontra l'avant-garde de l'armée ennemie, qu'elle poussa de village en village. A deux heures après-midi elle se trouva en présence des retranchemens ennemis.

Buonaparte donna ordre aux divisions des généraux Desaix et Reygnier de prendre position sur la droite entre Gizah et Lmbabé, de manière à couper à l'ennemi la communication de la haute Egypte, qui étoit sa retraite naturelle. L'armée étoit rangée de la même manière qu'à la bataille de Chebraisse.

Dès l'instant que Mourat Bey s'apperçut du mouvement du général Desaix, il se résolut à le charger. Il envoya un de ses beys les plus braves, avec un corps d'élite, qui, avec la rapidité de l'éclair, chargea les deux divisions. On le laissa approcher jusqu'à cinquante pas, et on l'accueillit par une grêle de balles et de mitraille qui en fit tomber un grand nombre sur le champ de bataille. Ils se jetèrent dans l'intervalle que formoient les deux divisions, où ils furent reçus par un double feu qui acheva leur défaite.

C 3

Le général en chef, saisissant l'instant, ordonna à la division du général Bon, qui étoit sur le Nil, de se porter à l'attaque des retranchemens, et au général Vial, qui commandoit la division du général Menou, de se porter entre le corps qui venoit de le charger et les retranchemens, de manière à remplir le triple but :

D'empêcher ce corps d'y rentrer;

De couper la retraite à celui qui l'occupoit;

Et enfin, s'il était nécessaire, d'attaquer ces retranchemens par la gauche.

Dès l'instant que les généraux Vial et Bon furent à portée, ils ordonnèrent aux première et troisième divisions de chaque bataillon de se ranger en colonnes d'attaque, tandis que les deuxième et troisième conserveroient leur même position, formant toujours le bataillon quarré, qui ne se trouvoit plus que sur trois de hauteur, et s'avançoient pour soutenir les colonnes d'attaque.

Les colonnes d'attaque du général Bon, commandées par le brave général Rampon, se jetèrent sur les retranchemens avec leur impétuosité ordinaire : malgré le feu d'une grande quantité d'artillerie, lorsque les Mamelouks firent une charge. Ils sortirent des retranchemens au grand galop. Les colonnes républicaines eurent le tems de faire halte, de faire front de tous côtés et de les recevoir la bayonnette au bout du fusil, et par une grêle de balles; à l'instant même le champ de bataille en fut jonché. Les troupes française eurent bientôt enlevé les retranchemens. Les Mamelouks en fuite se précipitèrent sur leur gauche; mais le général Vial y étoit en position. Un bataillon de carabiniers, sous le feu duquel ils étoient obligés de passer à cinq pas, en fit une boucherie effroyable. Un très-grand nombre se jeta dans le Nil et se noya.

Plus de quatre cents chameaux chargés de bagages, cinquante pièces d'artillerie tombèrent au pouvoir des français. Les Mamelouks perdirent dans cette affaire 2000 hommes de cavalerie d'élite. Une grande partie des Béys fut blessée ou tuée ; Mourad bey fut blessé à la joue. La perte des français se montoit à vingt ou trente hommes tués et à cent vingt blessés. Dans la nuit même, la ville du Caire fut évacuée ; toutes leurs chaloupes canonnières, corvettes, bricks, et même une frégate furent brûlées ; et le 4, les troupes de la république française entrèrent dans la ville du Caire. Pendant la nuit, la populace brûla les maisons des beys et commit plusieurs excés. Le Caire a plus de trois cents mille habitans, mais c'est bien la plus vilaine populace du monde.

Les français montrèrent dans ces différens combats le plus grand sang-froid., ce qui leur accorda la victoire, qu'ils n'eussent peut-être pas eue, s'ils se fussent livrés à leur impétuosité ordinaire.

La cavalerie des Mamelouks montra la plus grande bravoure. Ils défendoient leur fortune, et il n'y a pas un d'eux sur lequel nos soldats n'aient trouvé trois, quatre et cinq cents louis d'or.

Tout le luxe de ces gens-ci étoit dans leur chevaux et leur armement : leurs maisons sont pitoyables. Il est difficile de voir une terre plus fertile, et un peuple plus misérable, plus ignorant et plus abruti. Ils préféroient un bouton de nos soldats à un écus de six livres. Dans les villages, ils ne connoissoient pas même une paire de ciseaux. Leurs maisons sont bâties avec de la terre et un peu de boue; ils n'ont pour tout meuble qu'une natte de paille et deux ou trois pots de terre. Ils mangent et consomment en général fort peu de choses. Ils ne connoissent point l'usage des moulins, de sorte que l'armée française étoit obligée de bivouaquer sur des tas immences de blé sans pouvoir avoir de la farine. Elle se nourrissait de légumes et de bestiaux. Le peu de graines qu'ils convertissent en farine, ils la font avec des pierres, et dans quelques gros villages; il y a des machines que font tourner les bœufs.

Les républicains étoient continuellement harcelés par des nuées, d'Arabes qui sont les plus grands voleurs de la terre, assassinant les turcs comme les français, tout ce qui leur tombe dans les mains. Le général Muireur et plusieurs autres aides-de-camp et officiers de l'état-major de l'armée furent assassinés par ces misérables. Embusqués derrière des digues, et dans des fossés, sur leurs excellens petits chevaux, malheur à celui qui s'éloignait des colonnes. Le général Muireur, malgré les représentations qui lui furent faites, seul, et par une fatalité que l'on à souvent remarqué accompagner les hommes qui sont arrivés à leur dernière heure, voulut se porter sur une monticule à deux cents pas du camp; derrière étoient trois bédoins qui l'assassinèrent. La République a fait une grande perte, c'étoit un des plus braves généraux de l'armée.

Il y a dans ce pays fort peu de numéraire, beaucoup de blé , de riz , de légumes et de bestiaux.

L'armée française , dans la marche qu'elle fit sur le Caire , essuya beaucoup de chaleurs excessives et de fatigues que l'on ne peut exprimer. Elle ne vécut que de viande , de fèves et de melons d'eau. L'eau salutaire du Nil appaisoit sa soif ardente et procuroit chaque jour un bain salutaire.

Voici la lettre que le général Buonaparte *écrivit aux cheiks et aux notables du Caire ; la proclamation qu'il fit à ses habitans ; la lettre qu'il adressa au pacha de cette ville.*

Au quartier - général de Giza,
le 4 thermidor , an 6.

Buonaparte , général en chef, aux cheiks et notables du Caire.

Vous verrez , par la proclamation ci-jointe, les sentimens qui m'animent.

Hier les Mameloucks ont été , pour la plupart , tués ou fait prisonniers, et je suis à la poursuite du peu qui reste encore.

Faites passer de ce côté-ci les bateaux qui sont sur votre rive ; envoyez-moi une députation pour me faire connaître votre soumission.

Faites préparer du pain , de la viande , de l'orge et de la paille pour mon armée ; et soyez sans inquiétude , car personne ne desire plus contribuer que moi à votre bonheur.

PROCLAMATION.

Buonaparte , général en chef, au peuple du Caire.

Peuple du Caire , je suis content de votre conduite ; vous avez bien fait de ne pas prendre parti
contre nous. Je suis venu pour détruire la race des
Mameloucks , protéger le commerce et les naturels
du pays.Que tous ceux qui ont peur se tranquilisent;
que ceux qui se sont éloignés rentrent dans leurs
maisons. Que la prière ait lieu comme à l'ordinaire,
comme je veux qu'elle continue toujours. Ne crai-
gnez rien pour vos familles, vos maisons, vos propriétés , et sur-tout pour la religion du Prophète ,
que j'aime. Comme il est urgent qu'il y ait des
hommes chargés de la police, afin que la tranquillité ne soit pas troublée, il y aura un divan com-
posé de sept personnes qui se réuniront à la mos-
quée de Ver ; et il y en aura toujours deux près du
commandant de la place , et quatre seront occupées
à maintenir la tranquillité publique et à veiller à la
police.

Buonaparte , général en chef, au pacha du Caire.

L'intention de la République française en occu-
pant l'Egypte, a été d'en chasser les Mameloucks ,
ennemis déclarés du gouvernement français.

Aujourd'hui qu'elle s'en trouve maîtresse, par la
victoire signalée que son armée a remportée , son
intention est de conserver au pacha du Grand-Sei-
gneur ses revenus et son existence.

Je vous prie donc d'assurer la Porte qu'elle n'éprou-
vera aucune espèce de perte , et que je veillerai à ce
qu'elle continue à percevoir le même tribut qui lui
était ci-devant payé.

———

Le général Buonaparte ayant organisé , à la hâte ,
les différentes provinces d'Egypte, se mit de nou-
veau à la poursuite des Mamelouks , qui fuyaient a
grands pas devant l'armée française.

Le 18 thermidor il donna ordre à la division
Reygnier de se porter à Elkanka , pour soutenir le
général de cavalerie Leclerc, qui se battait avec une
nuée d'Arabes à cheval et de paysans du pays ,
qu'Ibrahim bey était parvenu à soulever. Il tua une
cinquantaine de paysans , quelques Arabes , et prit
position au village d'Elkanka. Il fit partir également
la division commandée par le général Lasne et
celle du général Dugua.

Avant d'arriver à Belbeys, les français délivrèrent
une partie de la caravanne de la Mecque, que les
Arabes avaient enlevée , et conduisaient dans le désert , où ils étaient déjà enfoncés de deux lieues.
Buonaparte la fit escorter et conduire au Caire.

Les français trouvèrent à Lothein une autre partie
de la caravanne , toute composée de marchands qui
avoient été arrêtés d'abord par Ibrahim bey, ensuite
relâchés et pillés par les Arabes. Le général Buonaparte en fit réunir les débris et la fit ensuite conduire
au Caire. Le pillage des Arabes fut extrêmement
considérable ; car un seul négociant assura le général en chef qu'il perdoit en shawls et autres mar-

chandises des Indes, pour deux cents mille écus. Ce négociant avoit avec lui, suivant l'usage du pays, toutes ses femmes. Le général Buonaporte leur donna à souper, et leur fit procurer les chameaux nécessaires pour leur voyage au Caire. Plusieurs de ses femmes paraissoient avoir assez bonne tournure ; mais leur visage étoit couvert, suivant l'usage du pays, usage auquel l'armée française s'accoutume difficilement.

Cependant l'armée française arriva à Salehich, qui est le dernier endroit habité de l'Égypte, et où il y avait de la bonne eau : là commence le désert qui sépare la Syrie de l'Egypte.

Ibrahim bey, avec ses trésors et ses femmes, en étoit parti il n'y avoit pas long-tems. Le général en chef se mit à sa poursuite avec le peu de cavalerie qui lui restait, et l'atteignit bientôt. Les français virent défiler devant eux ses immenses bagages ; mais la nuit approchoit, leurs chevaux étoient erraintés, et l'infanterie se trouvait très-éloignée. Cela n'empêcha pas que le général Leclerc chargeât l'arrière-garde ennemie, et lui enleva deux pièces de canon qu'elle avoit, et une cinquantaine de chameaux chargés de tentes et de différens effets. Les Mameloucks soutinrent la charge avec le plus grand courage. Le chef d'escadron d'Estrée, du 7me de hussard, fut mortellement blessé ; l'aide-de-camp du général en chef Sulkowski fut blessé de sept à huit coups de sabre et de plusieurs coups de feu. L'escadron, monté du 7me de hussards, et du 22me de chasseurs, des 3me et 15me de dragons, se distingua parfaitement dans cette affaire. Chaque officier de l'état-major de l'armée française, chaque hussard soutint un combat particulier. Lasalle , chef de brigade du 21me, laissa tomber son sabre au milieu de la charge , et fut assez adroit , et en même temps assez heureux pour mettre pied à terre, et se trouver à cheval pour se défendre et attaquer un des Mameloucks le plus intrépide. Le général Murat , ainsi que plusieurs autres officiers d'un grand mérite , s'engagèrent trop avant dans leur ardeur, dans le plus fort de la mêlée , et coururent les plus grands risques.

La nuit étant tout-à-fait tombée , le combat cessa, ét Ibrahim bey se mit à traverser le désert de la Syrie avec le reste de ses troupes, emportant avec lui une large blessure qu'il reçut dans le combat.

Le général Buonaparte laissa à Salehich la division du général Reygnier , et des officiers de génie pour y construire une forteresse, et partit le 16 thermidor pour revenir au Caire. Il n'étoit pas éloigné de deux lieues de Salehich , que l'aide-de-camp du général Kleber arriva, et lui apporta la nouvelle de la bataille qu'avoit soutenue notre escadre le 14 thermidor. Les communications étoient si difficiles qu'il avoit mis 11 jours pour venir.

Voici la lettre que ce général écrivit au Directoire à ce sujet.

« Le 18 messidor, je suis parti d'Alexandrie ; j'écrivis à l'amiral d'entrer sous 24 heures dans le port de cette ville , et si son escadre ne pouvoit pas y entrer, de décharger promptement toute l'artillerie et tous les effets appartenant à l'armée de terre, et de se rendre à Corfou.

»L'amiral ne crut pas pouvoir achever le débarquement, dans la position où il se trouvoit, étant mouillé
devant le port d'Alexandrie, sur des rochers, et plusieurs vaisseaux ayant déjà perdu leur ancre. Il alla
mouiller à Albukir , qui offroit un bon mouillage ;
j'envoyai des officiers de génie et d'artillerie , qui
convinrent avec l'amiral que la terre ne pouvoit lui
donner aucune protection , et que si les Anglais paroissoient pendant les deux ou trois jours qu'il falloit
qu'il restât à Albukir , soit pour débarquer notre
artillerie , soit pour sonder la passe d'Alexandrie,
il n'y avoit pas d'autre parti à prendre que de couper
ses cables , et qu'il étoit urgent de séjourner le
moins possible à Albukir.

» Je suis donc parti d'Alexandrie dans la ferme
croyance que sous trois jours l'escadre seroit entrée
dans le port d'Alexandrie , ou auroit appareillé
pour Corfou. Depuis le 18 messidor jusqu'au 6 thermidor , je n'ai eu aucune espéce de nouvelle , ni de
Rosette , ni d'Alexandrie. Une nuée d'Arabes ac-
courant de tous les points du désert , étoit continuellement à 500 toises du camp. Le 9 thermidor,
le bruit de nos victoires et différentes dispositions
rouvrirent nos communications. Je reçus plusieurs
lettres de l'amiral, où je vis avec étonnement qu'il se
trouvoit encore à Albukir. Je lui écrivis sur-le-
champ pour lui faire sentir qu'il ne devoit pas
perdre une heure à entrer à Alexandrie , ou à se
rendre à Corfou.

» L'amiral m'instruisit , par une lettre du 2 thermidor, que plusieurs vaisseaux anglais étoient venu
le reconnoitre, et qu'il se fortifioit pour attendre

l'ennemi, embossé à Albukir. Cette étrange résolution me remplit des plus vives alarmes; mais déjà il n'étoit plus tems, car la lettre que l'amiral écrivoit le 2 thermidor ne m'arriva que le 12. Je lui expédiai le citoyen Julien, mon aide-de-camp, avec ordre de ne pas partir d'Albukir qu'il n'eût vu l'escadre à la voile. Parti le 12, il n'auroit jamais pu arriver à temps.

» Le 8 thermidor, l'amiral m'écrivit que les Anglais s'étoient éloignés, ce qu'il attribuoit au défaut de vivres; je reçus cette lettre le 12 par le même courier.

» Le 11 il m'écrivoit qu'il venoit enfin d'apprendre la victoire des pyramides et la prise du Caire, et que l'on avoit trouvé un passe pour entrer dans le port d'Alexandrie. Je reçus cette lettre le 18.

» Le 14 au soir les Anglais l'attaquèrent. Il m'expédioit, au moment où il apperçut l'escadre anglaise, un officier pour me faire part de ses dispositions et de ses projets. Cet officier a péri en route.

» Il me paroît que l'amiral Brueys n'a point voulu se rendre à Corfou avant qu'il eût été certain de ne pas pouvoir entrer dans le port d'Alexandrie, et que l'armée, dont il n'avoit pas de nouvelles depuis long-temps, fût dans une position à ne point avoir besoin de retraite. Si dans ce funeste événement il a fait des fautes, il les a expiées par une mort glorieuse.

» Les destins ont voulu dans cette circonstance comme dans tant d'autres, prouver que s'ils nous accordent une grande prépondérance sur le continent, ils ont donné l'empire des mers à nos rivaux.

Mais , si grand que soit ce revers , il ne peut pas être attribué à l'inconstance de l'infortune : elle ne nous abandonne pas encore ; bien loin de-là , elle nous a servi dans toute cette opération , au-delà de ce qu'elle a jamais fait. Quand j'arrivai devant Alexandrie , et que j'appris que les Anglais y étoient passés en forces supérieures quelques jours avant, malgré la tempête qui régnoit, au risque de me naufrager, je me jetai à terre. Je me souviens qu'à l'instant où les préparatifs du débarquement se faisoient, on signala dans l'éloignement , au vent , une voile de guerre. (c'étoit *la Justice*, revenant de Malthe) Je m'écriai : *Fortune , m'abandonnerois-tu ? Quoi, seulement cinq jours !* Je marchai toute la nuit ; j'attaquai Alexandrie à la pointe du jour avec trente mille hommes harassés , sans canons et presque sans cartouches ; et dans les cinq jours j'étois maître de Rosette , de Demenhure , c'est-à-dire , déjà établi en Egypte. Dans ces cinq jours , l'escadre devoit se trouver à l'abri des Anglais , quel que fût leur nombre : bien loin de-là , elle reste exposée pendant tout le reste de messidor. Elle reçoit de Rosette , dans les premiers jours de thermidor , un approvisionnement de riz pour deux mois. Les Anglais se laissent voir en nombre supérieur pendant dix jours dans ces parages. Le 11 thermidor, elle apprend la nouvelle de l'entière possession de l'Egypte et de notre entrée au Caire ; et ce n'est que lorsque la fortune voit que toutes ses faveurs sont inutiles , qu'elle abandonne notre flotte à son destin.

Signé , B U O N A P A R T E.

Le

Le combat qui eut lieu entre notre flotte et la flotte anglaise fut terrible. Le vaisseau *le Tonnant* se couvrit de gloire; il se battit tout seul trente-six heures contre toute l'escadre. Le brave capitaine du Pétithouars fut tué d'un coup de canon. *Le Franklin* amena son pavillon sans être démâté, et sans avoir reçu aucune avarie.

Le contre amiral Ganteaume, qui montoit *l'Orient*, se conduisit très-bien. Ce brave homme est maintenant à Alexandrie.

L'amiral Villeneuve, qui a rallié l'escadre et l'a conduit à Malthe, a rendu par-là un grand service à la République.

Toutes les garnisons ou équipages qui étoient sur des vaisseaux pris ou brûlés, sont à Alexandrie.

———

Le général Buonaparte, à son retour au Caire, donna différens ordres dont voici la teneur :

Ordre du 6 fructidor, an 6.

Le général en chef défend à tous les commandans des provinces, de frapper aucune espèce de contributions en argent, sur les habitans. Ils prêteront main-forte aux intendans cophtes, pour la perception des contributions ordinaires du pays.

Les succès de l'inondation du Nil, tiennent à l'entretien des canaux, ou au moins à leur conservation; et les finances de l'armée, autant que les Égyptiens, sont intéressés à ce que la répartition des eaux se fasse avec ordre, intelligence, économie et égalité.

Lorsque l'inondation du Nil arrive, les cultivateurs

cherchent, à l'envi, à s'approprier les eaux des canaux, et à les détourner à profit.

Le général en chef sachant qu'il y a déjà eu plusieurs tentatives de faites, ordonne en conséquence
à tous les généraux, adjudans-généraux commandant
dans les provinces, de donner sur-le-champ aux intendans desdites provinces, les mains-fortes qu'ils
pourront réclamer, et de fournir les gardes qui
pourroient être nécessaires.

Le général en chef recommande sur-tout au commandant de la province de Kelioubé, de faire garder et surveiller le canal de Abammenégé, l'un des
plus importans de l'Egypte, les Arabes étant dans l'usage
de faire, chaque année, tous leurs efforts pour en détourner les eaux; et vu que, s'ils réussissoient, l'im-
mense territoire que ce canal fertilise, demeureroit
stérile.

Le général en chef est extrêmement mécontent de
la conduite des drogmans et des turcs attachés au service de différens français, qui mettent à contribution
les maisons des différens particuliers, où ils entrent
sous divers prétextes.

Le général en chef ordonne, en conséquence, que
tout individu qui, sous prétexte quelconque, auroit été
mis à contribution, ou auroit à se plaindre de vexations
de la part de qui que ce soit, portera sa plainte à une
commission composée de Cheik-Sadat, de Mouscino,
de Roselly, et de l'aide-de-camp chef de brigade
Junot. Cette commission se réunira à cet effet tous les
jours, depuis huit heures du matin jusqu'à midi, et
rendra compte de son travail tous les jours.

Elle pourra faire arrêter de suite tous les individus

qui se trouveroient coupables, après la dénonciation et le premier interrogatoire qu'elle aura fait.

Ordre du 7 fructidor, an 6.

Plusieurs généraux et commandans dans les provinces ennemies, ont mis des impositions en argent, sans avoir rendu compte, sans y être autorisés;

Plusieurs autres se sont opposés aux contributions en nature que mettoient les intendans cophtes, d'après les ordres qu'ils en avoient reçus de l'intendant-général;

Plusieurs même ont converti en argent la contribution en nature;

Plusieurs officiers détachés ont confisqué des bateaux chargés de comestibles qui descendoient le Nil.

En conséquence, le général en chef ordonne que tout officier qui auroit frappé une réquisition, et qui n'en rendroit de suite compte à l'état-major-général, et qui n'auroit point versé les sommes perçues, dans la caisse du payeur de l'armée, sera traité comme dilapidateur.

Il est expressément défendu de porter empêchement aux opérations des intendans cophtes, qui n'agissent que d'après l'ordre de l'intendant-général et de l'ordonnateur en chef, pour assurer l'approvisionnement et la subsistance de l'armée.

Il est sévèrement défendu de convertir en argent les contributions qui seroient mises en nature.

La navigation du Nil est libre : c'est le seul moyen d'assurer la subsistance du Caire. Il est défendu d'arrêter aucun bâtiment chargé de comestibles, sous quelque prétexte que ce soit.

Les intendans cophtes, dès l'instant qu'ils auront reçus l'ordre de l'intendant-général, se concerteront avec les généraux commandant les provinces, qui donneront les ordres et prendront les mesures pour assurer le service. Les généraux et officiers doivent sentir que c'est le seul moyen d'assurer le service de l'armée. Le général en chef punira sévèrement le premier qui manquera à l'exécution du présent ordre.

Il est défendu aux commandans de provinces, de rien exiger des habitans, sous quelque prétexte que ce soit. Plusieurs prétendent au traitement de kio-chefs; par-là ils auroient double paye, ce qui est contre nos lois.

Ordre du 11 fructidor, an 6.

Le général en chef ordonne qu'il ne sera fait dans l'armée qu'un seul pain; toutes les rations. soit à l'état-major, soit aux administrations, seront de pain de munition.

Il sera fait un pain plus soigné pour les hôpitaux; mais il est défendu, sous quelques prétextes que ce soit, aux administrateurs et aux gardes-magasins, de donner de ce pain au général en chef, ni à aucun général, ni au munitionnaire général; à la visite que l'officier de service fait tous les jours, des hôpitaux, le directeur fera connoître la quantité de pain d'hôpitaux qu'il aura reçue. Il lui est défendu, sous les peines les plus sévères, de donner de ce pain à tout autre.

Le général en chef est instruit que des employés et administrateurs s'embarquent sur les diligences du

Caire à Rosette et Damiette, sans être munis d'ordre, ainsi qu'il a été ordonné. Le général en chef défend expressément de laisser embarquer aucun français, soit à Boulac, soit au Vieux-Caire, ou dans tout autre endroit, s'il n'est muni d'un passe-port, soit du général chef de l'état-major-général, soit de l'ordonnateur en chef Sucy. Des postes seront placés de manière à s'assurer, soit au départ, soit à l'arrivée des bateaux, de l'exécution du présent ordre. Tous les Français trouvés sur des barques sans être munis de passe-ports ou d'ordres, seront arrêtés.

Ordre du 12 fructidor, an 6.

Le général en chef ayant été instruit que les habitans de la ville d'Alkam ont assassiné l'aide-de-camp Julien, et quinze Français qui l'escortoient, ordonne que ce village sera brûlé.

Que le général Lanus partira avec 500 hommes et un *aviso*, et se rendra à Alkam pour exécuter cet ordre. Tous les bestiaux, grains qui pourroient s'y trouver, seront embarqués et confisqués au profit de la République.

S'il peut parvenir à arrêter les scheicks, il les amènera en ôtage au Caire; il livrera le village au pillage, de manière à ce qu'il ne reste aucune maison entière. Il fera connoître, par une proclamation qu'il répandra dans les villages voisins, qu'Alkam a été brûlé pour avoir assassiné des Français qui naviguoient sur le Nil.

Le 1ᵉʳ vendémiaire, époque de l'établissement de la République française, une fête civique fut célébrée dans les différens points de l'Egypte où se trouve l'armée française.

La garnison d'Alexandrie célébra la sienne autour de la colonne de Pompée, et, en exécution de l'ordre du général Buonaparte, les noms de tous les soldats qui avoient été tués à la prise d'Alexandrie étoient gravés sur ladite colonne ; et le pavillon tricolor flottoit au haut. L'aiguille de Cléopâtre resta illuminée toute la nuit.

Une pareille fête eut lieu dans la ville du Caire. Une pyramide à sept faces fut élevée au milieu de la place Dubesquier; chacune de ses faces contenoit les noms des hommes morts à la conquête de l'Egypte.

Une partie de l'armée qui se trouvoit au Caire se réunit à sept heures du matin. Après différentes manœuvres, on chanta des couplets patriotiques, et une députation de chaque bataillon partit pour aller planter, au haut de la plus grande pyramide, le pavillon tricolor.

Cette cérémonie étant achevée, le général Buonaparte prononça un discours en ces termes :

« Soldats,

Nous célébrons le premier jour de l'an 7 de la République.

Il y a cinq ans, l'indépendance du peuple françois étoit menacée ; mais vous prîtes Toulon, ce fut le présage de la ruine de nos ennemis.

Un an après, vous battiez les Autrichiens à Dégo.

L'année suivante, vous étiez sur le sommet des Alpes.

Vous luttiez contre Mantoue il y a deux ans, et vous remportiez la célèbre victoire de Saint-Georges.

L'an passé, vous étiez aux sources de la Drave et de l'Ison, de retour de l'Allemagne.

Qui eût dit alors que vous seriez aujourd'hui sur les bords du Nil, au centre de l'ancien continent ?

Depuis l'Anglais, célèbre dans les arts et le commerce, jusqu'au hideux et féroce bédouin, vous fixez les regards du monde.

Soldats ! votre destinée est belle, parce que vous êtes dignes de ce que vous avez fait, et de l'opinion que l'on a de vous. Vous mourrez avec honneur, comme les braves dont les noms sont inscrits sur cette pyramide, ou vous retournerez dans votre patrie, couverts de lauriers et de l'admiration de tous les peuples.

Depuis cinq mois que nous sommes éloignés de l'Europe, nous avons été l'objet perpétuel des sollicitudes de nos compatriotes. Dans ce jour, quarante millions de citoyens pensent à vous ; tous disent : c'est à leurs travaux, à leur sang, que nous devrons la paix générale, le repos, la prospérité du commerce, et les bienfaits de la liberté civile. »

A quatre heures de l'après-midi il y eut autour de la place des courses à pied et à cheval ; à ces courses furent admis ceux des habitans du pays qui voulurent bien s'y présenter. On assigna des prix aux vainqueurs.

Le soir, toute la ville fut illuminée, ainsi que la pyramide, et il y eut un feu d'artifice.

Les troupes qui se trouvoient dans la haute Egypte célébrèrent leur fête sur les ruines de Thèbe.

Les dernières nouvelles que nous avons reçues de l'Egypte annoncent que notre armée y est dans la meilleure situation; que les vivres y abondent; que la bonne harmonie règne entre les Français et les naturels du pays ; que tous ont le même enthousiasme pour Buonaparte, et qu'il n'est plus question des Mameloukcs.

Nous prévenons les citoyens qui achéterons ce petit Ouvrage, que notre intention étant de suivre la marche et les opérations de l'Armée d'Egypte, nous continuerons, par la suite, à en rendre un fidèle compte.

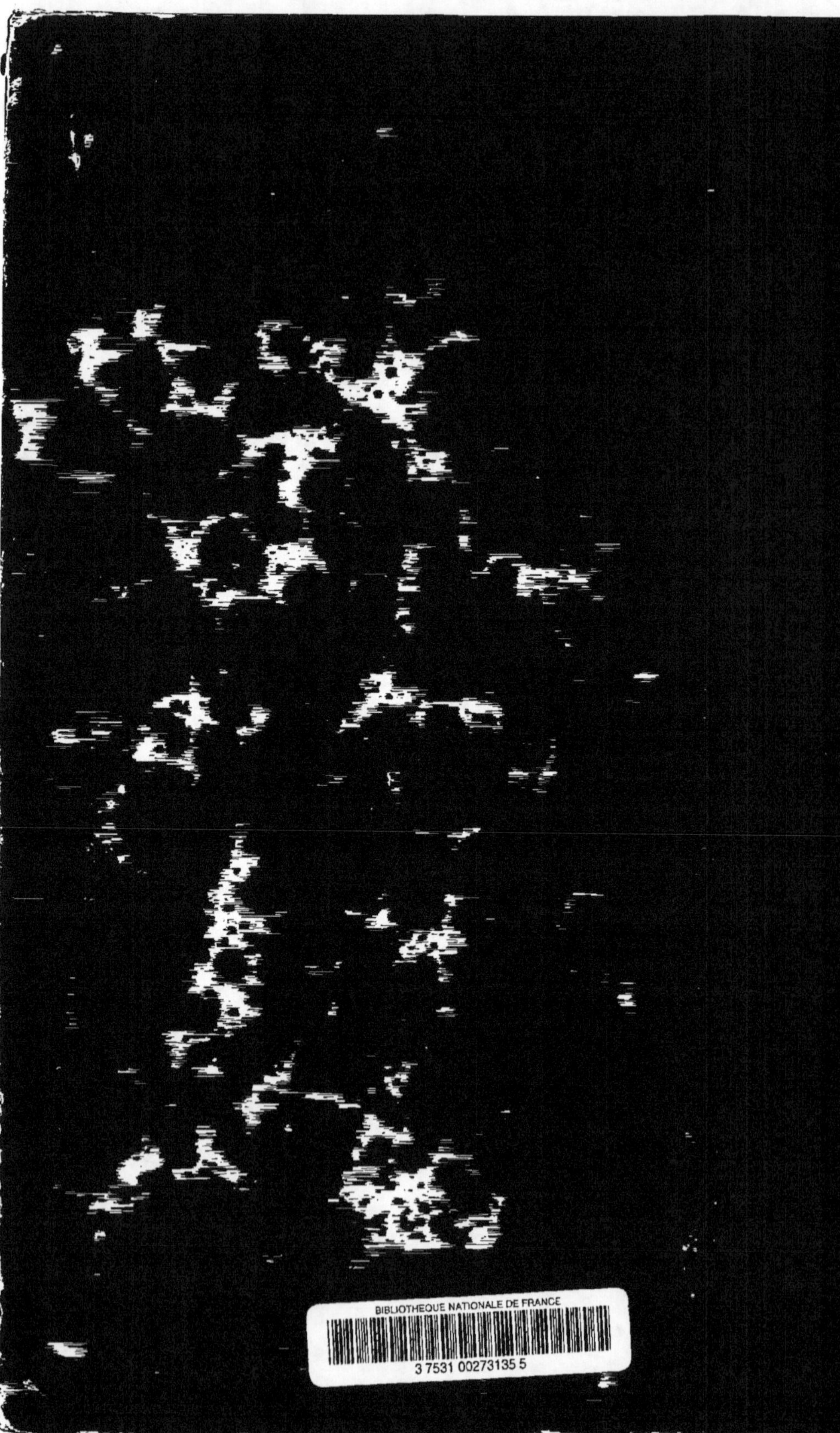

BIBLIOTHEQUE NATIONALE DE FRANCE
3 7531 00273135 5